SARAH BOSETTI

«Ich hab nichts gegen Frauen, du Schlampe!»

Mit Liebe gegen
Hasskommentare

W0175246

Rowohlt Taschenbuch Verlag

4. Auflage September 2021

Originalausgabe
Veröffentlicht im Rowohlt Taschenbuch Verlag,
Hamburg, Februar 2020
Copyright © 2020 by Rowohlt Verlag GmbH, Hamburg
Covergestaltung zero-media.net, München
Satz aus der Karmina
bei Pinkuin Satz und Datentechnik, Berlin
Druck und Bindung CPI books GmbH, Leck, Germany
ISBN 978-3-499-00191-8

Die Rowohlt Verlage haben sich zu einer nachhaltigen Buchproduktion verpflichtet. Gemeinsam mit unseren Partnern und Lieferanten setzen wir uns für eine klimaneutrale Buchproduktion ein, die den Erwerb von Klimazertifikaten zur Kompensation des CO_2-Ausstoßes einschließt. www.klimaneutralerverlag.de

MIX
Papier aus verantwor-
tungsvollen Quellen
FSC
www.fsc.org
FSC® C083411

INHALT

«Wir wollen kämpfen mit Liebe aus Hass.
Also eigentlich andersrum. Aber nee du, klar, wenn
es so besser in dein Buch passt ... Ist ja nur mein
geistiges Vermächtnis, das du da ... Ach, schreib doch,
was du willst, du ***** ********!»
_tucholsky1890

Für Mila

PROLOG

Die Menschen hassen zu viel und lieben zu wenig.
Guter erster Satz! Ist aber Quatsch. Natürlich lieben die Menschen. Sie lieben manchmal die Richtigen und häufig die Falschen, lieben inbrünstig und verzweifelt und glücklich und unglücklich und «jetzt aber wirklich für immer». Und manchmal lieben sie sogar sich selbst, ein bisschen zumindest.

Der Welt mangelt es nicht an Liebe, aber der Hass ist das einfachere Hobby. Hass funktioniert im Gegensatz zur Liebe auch, wenn er einseitig ist. Er ist eine leicht zu tragende Waffe. Er macht die anderen klein und einen selbst unverwundbar.

Also hassen die Leute. Sie hassen Veganer, und sie hassen Flüchtlinge, hassen Frauen und Männer und diejenigen, die sich weder als Frau noch als Mann definieren. Sie hassen Tiere und Tierquälerinnen, den Islam und «die da oben». Sie hassen ihre Eltern und ab und zu auch ihre Kinder. Sie hassen morgens, mittags, abends und besonders gerne nachts, in Internetkommentarspalten, in sozialen Netzwerken und in ihren Herzen. Sie hassen «linksgrünversiffte Zecken» und

«Asyltouristen», «Kamelficker», «Echsenmenschen» und «Feminazis». Und sie hassen Juden, die sie aber vorsichtshalber «die Rothschilds dieser Welt» nennen.

Und ich verstehe das nicht. An sich finde ich Abneigung eine tolle Erfindung. Kaum etwas würde mich mehr anstrengen, als immer alle Menschen gut finden zu müssen. Aber Vollzeithass auf alles, was uns fremd ist? Wie langweilig! Wir betreiben viel zu viel emotionalen Aufwand für Menschen, die uns egal sein könnten. Doch so funktionieren wir nun mal. Wir wollen uns freuen, und wir wollen uns ärgern, und beides ist ein bisschen wie Sex: geht auch alleine, macht aber mehr Spaß, wenn andere Menschen involviert sind. Geteilter Hass ist potenzierter Hass. Also teilen wir ihn, prügeln ihn buchstabenweise ins Internet und wundern uns dann, dass die Welt dadurch nicht besser wird. Einer der härtesten Jobs in diesem Land dürfte der einer Hasskommentar-Tastatur sein. Sie ist die moderne Version eines geschundenen Esels mit cholerischem Besitzer. Sie allein kennt das physische Pendant zum digitalen Wutausbruch, und sie allein weiß, wie sich ins Internet gehämmerte Großbuchstaben anfühlen. Ich beneide sie nicht um dieses Wissen.

Ein bisschen enttäuscht der Internethass dadurch, dass er so unpersönlich ist. Er ist wahllos und zufällig und vor allem: schlecht begründet. Eigentlich ist Hass etwas sehr Intimes. Damit dich etwas abstoßen kann, muss es dir nah sein. Aber das ist dem Internet egal. Mir wünschen zum Beispiel völlig fremde Menschen, dass ich vergewaltigt werde. Oder sie finden, man solle mir den Kopf abschneiden. Das finden sie aber nicht, weil ich ihren Vater getötet oder ihr Haustier entführt habe, sondern nur, weil ich die Frechheit besessen habe, irgendwo öffentlich zu verkünden, möglicherweise seien gar nicht alle Flüchtlinge kriminell oder nicht alle Frauen dumm. Falls ihr in meiner Radiokolumne ein leises Pochen im Hintergrund vernehmt, dann ist das der Redakteur, der während der Aufnahme seinen Kopf auf die Tischkante schlägt, weil ich irgendwas über Feminismus gesagt habe, und er weiß: Jetzt schreiben sie wieder, die Wütenden, die sich ganz sicher sind, dass lustige Frauen nicht zu existieren und wenn doch, dann ausschließlich Witze über ihre Problemzonen zu machen haben, während sich die Männer ums Weltgeschehen kümmern. Ich würde ihnen den Gefallen ja sogar tun, doch stellen sich mir zwei Dinge in den Weg: Erstens habe ich einen perfekten Körper. Zu Problemzonen fällt mir also nichts ein. Und zweitens bin ich Teil dieses ominösen Weltgeschehens, und ich finde, es geht auch mich etwas an.

Mindestens Letzteres sehen natürlich ein paar der Kommentierfreudigen anders. Eine Frau, die spricht, scheint unabhängig vom Inhalt des Gesagten noch immer ein diskussionswürdiges Phänomen zu sein. Also schreiben sie, dass mein Ausschnitt beim Zuhören stört, dass mein Hintern leichter zu betrachten wäre, wenn sich mein Mund dabei nicht bewegen würde, oder dass man mich vielleicht einfach nur mal «richtig hart nehmen» müsste. Natürlich nicht ausschließlich. Nicht alles ist schlimm. Der Großteil der Reaktionen ist sogar sehr freundlich. Viele Menschen hören zu und schreiben danach nette, kluge Dinge. Manchmal machen mir Leute Heiratsanträge, und ab und zu fragen mich Achtundsiebzigjährige ehrlich interessiert, ob es allzu sexistisch oder noch erträglich wäre, wenn sie mir ein höfliches Kompliment zu meinen Brüsten machen würden. Das ist zwar creepy, aber vermutlich zumindest nicht böse gemeint.

Doch es gibt ihn, den Hass. Eine Handvoll gewiefter Unsympathen schürt die Wut und Feindseligkeit in unserer Gesellschaft, und der gesamte Rest des Landes fragt sich, wie wir selbige wieder loswerden. Das Problem ist: Das ist die falsche Frage. Hass ist Energie! Und vielleicht erinnert ihr euch noch an den Energieerhaltungssatz, der besagt: Energie wird man nicht los. Sie kann sich in eine andere Energieform umwandeln, aber sie löst sich nicht einfach auf. Die Frage sollte also nicht sein, was wir gegen den Hass tun können, sondern was wir *mit* ihm tun können. Wenn er schon mal da ist, sollten wir ihn nutzen und in etwas Besseres umwandeln. Und genau das versucht dieses Buch. Ich habe mir in den vergangenen Monaten in einem Anflug überbordender Albernheit angewöhnt, aus den schönsten Hasskommentaren, die ich bekomme, etwas noch Schöneres zu machen: Liebeslyrik.

Und mein wundervoller und wirtschaftlich offenbar leicht suizidal geneigter Verlag war wahnsinnig genug, daraus ein Buch machen zu wollen. Hey, ein Lyrikband! Wir alle wissen ja: Wenn der moderne Kapitalismus nach etwas lechzt, dann nach Lyrikbänden. Aber da ihr es schon bis hier geschafft habt, könnt ihr ja auch noch ein paar Gedichte lesen!

Die hier versammelten Hasskommentare sind mir auf diversen Internetwegen zugetragen worden – unter meinen Facebookposts, YouTube-Videos oder Tweets, manchmal auch per Mail. Ich habe sie höchstens ein wenig gekürzt, ansonsten jedoch – inklusive Orthographie – möglichst unberührt belassen. Die Namen der Verfasser*innen lasse ich weg, ihnen sei ihre Anonymität gegönnt. Nur einige ihrer Vornamen tauchen in den Gedichten auf.

Viel Spaß!
Euer Multikultiflittchen von nebenan

KAPITEL 1

DER BÖSE AUSLÄNDER

«Erst habt ihr (FAST!) alle Männer KASTRIERT, und JETZT ist keiner mehr da der euch stupide hirntote verfressene pseudointellektuelle faule Zynikerinnen vor den INVASOREN schützen wird.»

Sobald du sprichst, lern ich dazu
Ich wusste nichts von der Gefahr
In der ich schwebte und dass du
Mein Held warst, mein Beschützer gar

Ich lebte friedlich vor mich her
Kastrierte hier und da 'nen Mann
Und jetzt kommst du und atmest schwer:
'ne Invasion, die bahnt sich an!

Ich bin beeindruckt, wirklich wahr
Was du als Mann so alles weißt
Man sieht sie kaum, doch sie sind da
Die Invasoren, krasser Scheiß!

Nur eine Frage hätt ich noch
In meinem Ohr ein kleiner Floh
Ich glaub dir alles, Mann, und doch
'ne Kastration, die läuft ja so:

Der Mann liegt ungewöhnlich stumm
Ohnmächtig, reglos auf dem Boden
Dann schnippelt man ein bisschen rum
Und am Ende fehlt der Hoden

Nun hab ich dich nie kämpfen sehen
Kenn also deine Technik nicht
Doch dachte ich, man kämpft im Stehen
Boxt und schießt oder ersticht

Und dass im Kampf so allgemein
Die Hoden kaum 'ne Rolle spiel'n
Wieso also soll es so sein
Dass die Kastrierten da entfiel'n?

Beschützen kannst du auch kastriert
Wirklich wahr, probier es aus!
Ich hab gehört, es animiert
– Komm doch her, wenn du dich traust!

«Sie sollten einen ausländischen Vergewaltiger bei Ihnen zuhause aufnehmen!»

CN Vergewaltigung

Es gibt nichts, was ich nicht täte
Für dich und deine Liebe
Ich äß für dich jede Gräte
Und ertrüge alle Hiebe

Doch was du da verlangst
– Ey, mal ehrlich, Klaus
Da wünschst du mir ganz unverfror'n
'nen Ausländer ins Haus!

Ein deutscher Vergewaltiger
Da hätt ich nichts gesagt
Mit blonden Haaren und vielleicht
Noch 'nem Drei-Tage-Bart

Einer, der geschult ist
In dem, was er da tut
Von unser'm Staat geprüft
– Der macht das dann auch gut

Hab ich nicht das Recht
Auf ein Qualitätsprodukt
Aus bester deutscher Herstellung
Die noch aufs Handwerk guckt?

Das ist mir schon auch wichtig
– Und nenn mich ruhig verwöhnt –
Dass man beim Vergewaltigen
Perfekt akzentfrei stöhnt

So würden das gewiss
Auch alle Tötungsopfer seh'n
Ermordet werden ist okay,
Was zählt, ist nur, von wem

«Frau Bosetti ich hoffe dass Sie bald mal ein Axtmörder besucht.»

Ich weiß nicht, mein Liebster
Ob ich das so gut find
Ein Axtmörder in meinem Haus
Was biet ich ihm an
Was, wenn er nur Blut trinkt?
Ich kenn mich da wirklich nicht aus

Auch Knabbereien will ich
Besuch gerne reichen
Doch bin ich halt überfragt
Ob ein Axtmörder Torte isst
Oder nur Leichen
Das Fleisch von den Knochen nagt

Nach längerem Grübeln
Fällt mir da leider
Nur eine Lösung ein
Du bist doch ein Kenner
Ein Fachmann, ein Meister
Du scheinst da echt Profi zu sein

Steht also in Zukunft
Im dunklen Schatten
Ein Axtmörder vor meiner Tür
Um mir einfach mal
'nen Besuch abzustatten
Dann schick ich ihn erst mal zu dir

«Wie sehr ich mir mittlerweile schon die Scharia in Deutschland herbei sehne, damit solche Puten unter der Kopfbedeckung endlich verschwinden.»

Ja, das hast du gut erkannt:
Was man nicht sieht, das ist nicht da
Die Theorie ist artverwandt
Mit: Kopf im Sand = unsichtbar

Frauen, die die Burka tragen
Existieren also nicht
Sie fühlen nicht, ham nichts zu sagen
Und sie haben kein Gesicht

Sind Hülle nur, kein Innenleben
Bloß Stoff im Wandel durch den Raum
Sie stolpern wahllos durch die Gegend
Statt Geist und Körper Tuch und Saum

Genauso wär's wohl auch bei mir
Ein Laken überm Kopf reicht aus
Die Welt gehört dann wieder dir
Und ich bin aus der Story raus

Ich wär Gespenst nur, endlich still
Ein Vakuum, im Innern leer
Doch wisse: Wenn ich wirklich will
Dann spuke ich dir hinterher!

Damit ich dich nicht finden kann
Du frei bist von der Spukgefahr
Steck deinen Kopf halt in den Sand
– Du weißt, das macht dich unsichtbar

«Dann zieht euch halt
mehr an, Mädels!
Sicherlich,
Vergewaltigungen
sind widerlich.
Ein erster Schritt
dagegen wäre
die konsequente
Abschottung unserer
Grenzen gegen all die
illegalen Migranten.»

CN Vergewaltigung

Ein Vergewaltigungsverlauf
Ist sicherlich nicht ideal
Du bist sogar, man merke auf
Dagegen, und zwar radikal!

Ich finde das sehr groß von dir
Was für ein Statement! Was ein Mann!
Der obendrein ganz unblasiert
Weiß, wie man das verhindern kann

Du verstehst ja für die Dame
Die Unannehmlichkeit der Tat
Zum Glück bist du da, uns zu warnen
Denn du hast stets den besten Rat:

«Mädchen, zieh dir halt mehr an!
Mädchen, trink nicht noch ein Bier!
Wisst ihr, Frauen, dann und wann
Braucht der Mann halt mehr als ihr!

Seid verfügbar, doch nicht billig
Seid im Dunkeln nicht allein
Reizt nicht auf und guckt nicht willig
Sagt halt einfach noch mal ‹Nein›

Bleibt vielleicht auch einfach still
Sucht die Schuld nie nur beim Täter

Sosehr ich euch auch glauben will:
Wieso klagt ihr erst Jahre später?

Ein bisschen wolltet ihr's doch auch
Nein, ich bin wirklich Frauenfreund!
Ach, guck, wie schön, da wächst dein Bauch
Hast die Verhütung wohl versäumt

Beim nächsten Mal pass besser auf
Versuch mal, nicht zu provozieren
Dann kommt vielleicht kein Mann darauf
Dich ungefragt zu penetrieren»

Ja, du hast gute Tipps, du Kenner
Damit wir nicht den Falschen betten
Und um uns mehr als vor den Männern
Vor allem vor uns selbst zu retten

Und ich bin froh, dass ich jetzt weiß:
Prävention ist Weiberpflicht
Doch ein Tipp hätte mir gereicht:
Männer, vergewaltigt nicht!

PS:
All deine Tipps, die gelten nur
Sofern der Mann ein Deutscher ist
Trägt er in sich die kleinste Spur
Von Migration, dann äußert sich

In seiner Tat die Aggression
Seiner Kultur und seines Lands
Seiner «Rasse», Religion
Und seines mangelnden Verstands

In diesem Fall, da trifft die Schuld
Zur Abwechslung die Schwänze schlicht
Da rätst du voller Ungeduld:
Raus mit ihm und Grenzen dicht!

Dann sind wir plötzlich eure Frauen
Das Anfassrecht ist deutsches Gut
Und was sich diese «Gäste» trauen
Das reicht für rechtschaffene Wut

Dass jenseits aller Grenzen halt
Auch Mädchen oder Frauen leben
Ist nebensächlicher Gestalt
Die haben dir ja nichts zu geben

KAPITEL 2

DIE DUMME FRAU

«Eine Frau überlebt nicht einmal 24 Stunden in der Wildnis, vor allem dann nicht, wenn sie ihre Tage hat und ihre Blutspur vor einer Gruppe hungriger Wölfe durch den halben Wald führt. Ohne Mann kann die Frau einfach nicht lebensfähig sein. Das konnte sie nie und das wird sie auch nie.»

Was tät ich bloß auf mich gestellt
In einer unbemannten Zeit?
Kein Retter und kein starker Held
Nur ungeschützte Weiblichkeit

Ich würde durch die Wälder irren
Blutend, ungeschickt und schwach
Und fänd emotional verwirrend
Dass niemand mir den Hof hier macht

In meinen High Heels würd ich holpern
In meinem Kleidchen fast erfrieren
Würd ich über ein Raubtier stolpern
Würd ich statt kämpfen diskutieren

Ich bin halt niedlich, aber nutzlos
Ohne dich kann ich echt nix
Im Wald bin ich fast rührend schutzlos
Ich brauche einen Obelix

Du siehst, wir können uns nicht helfen
Nur euch Männer stetig plagen
Unrecht tust du bloß den Wölfen:
Sie würden niemals Frauen jagen!

Der Wolf, der ist ein scheues Tier
Er meidet Menschen, wenn er kann
Und ist damit – ich sprech von dir! –
Klüger wohl als mancher Mann

«Hast ja ein sehr schönes hübsches Gesicht, aber tue mir einen gefallen hör auf solch einen Bullshit zu labbern.»

Ach, Ingo, sorry, du hast recht
Wie konnte mir das nur passieren?
Wie kam ich drauf, dir derart schlecht
Den Bullshit labbrig zu servieren?

Dabei weiß doch nun alle Welt
Dass Bullshit nicht zum Labbern ist
Und dass, wer etwas auf sich hält
Ihn knusprig hart und knabbernd frisst

Die Ausscheidung vom stolzen Stier
Gehört gebraten und gewürzt
Knackig kross wird sie serviert
Und nicht nur stumpf hinabgestürzt

Und zum Verzehr ist Tradition
Worin du gut geschult bist, Ingo:
Denn während man am Esstisch thront
Spielt man natürlich Bullshit-Bingo

«mit frauen diskutiere ich nicht. das sind keine logischen wesen. die sind hysterisch und wollen drama.»

Wie schön war die Zeit
Vor einhundert Jahr'n
Als hysterische Frau'n
Noch 'ne Tatsache war'n

Ein Krankheitsbestand
In der Psychologie
Der Frau fehlt's an Sex
Und bumm, zack: Hysterie

Wie schön wär's, mein Schatz
Hättest du dort gewohnt?
Und Beifall bekommen
Für all deinen Hohn?

Was wahr war, war wahr
Wurd nicht hinterfragt
Hysterisch die Frau
Vom Wahnsinn geplagt

Doch dann der Verdacht:
Hysterie ist nicht echt
Das Drama der Frau
Ist Drama zu Recht

Und du lebst nun mal
In der heutigen Zeit
Die Frau redet mit
Und du tust mir so leid

Du tust mir so leid
Ach, du wütender Mann
Was tun denn wir Weiber
Euch Typen nur an?

Du tust mir so leid
Ja, die Welt ist gemein
Doch ist das kein Grund
So hysterisch zu sein

«Hätte der Mann nicht den Staat und Institute erfunden, würde die Frau heute noch in der Höhle vor sich hin vegetieren, während der Mann mit Samsung Galaxy S7 nebenbei die Beschreibung eines Kernreaktors studiert, der nebenbei auch von Männern erfunden wurde, wie so gut wie alles, was es gibt. Aber weil der Mann so freundlich ist, hat er der Frau die Hand gereicht und der Frau zum ‹evolutionären Aufstehen› verholfen.»

Der Mann, der hat die Welt erfunden
Der Mann hat sie gebaut
Der Mann war frei und ungebunden
Doch nahm die Frau zur Braut

Er teilt den Reichtum, teilt sein Wissen
Teilt alles, was er hat
Er bettet sie auf weichen Kissen
Vermacht ihr Rat und Tat

Die Frau räumt auf, kocht für die beiden
Das kann sie gut, die Frau
So könnte es auf ewig bleiben
Doch dann der Super-GAU:

Fräulein Weib wird morgens wach
Ist undankbar, vermessen
Dass Männer stark sind, Frauen schwach
Das hat sie schlicht vergessen

Stellt männliche Vernunft in Frage
Will selbst ihr Schicksal lenken
– Als wär sie dazu in der Lage –
Und sogar selber denken

Die Frau vergisst, was er geleistet
Die Frau vergisst so viel
Die Weiberschaft hat sich erdreistet
Selbständig zu spiel'n

Und jeden Tag, da wird es schlimmer
Vergessen wir, wie's war
Ein Glück, dass du uns dran erinnerst:
Ohne dich käm'n wir nicht klar

«Armes krankes Mädchen»

Ich weiß, was du meinst:
Ich hab einen Schnupfen
Ein Kratzen im Hals
Und mein Schädel, der juckt

Der Schweiß rinnt, ich muss mir
Die Stirn ständig tupfen
Die Wangen sind blass
Und mein Augenlid zuckt

Und dann meine Fäuste
Die sich wie von selbst ballen
Und an meiner Schläfe
Die Ader, die pocht

Der seltsame Drang
Dir eine zu knallen
Was ich doch aus Anstand
Sonst niemals vermocht!

Doch das, nein, das ist
Keine Krankheit, mein Lieber
Das ist 'ne durchaus
Gesunde Schutzreaktion

Ein allergischer Schub
Aus Wut, voller Fieber
Auf Leute wie dich
Und auf deinen Ton

«Ich schätze Ihren IQ auf 40.»

Ich verneige mich in Dankbarkeit:
Welch schönes Kompliment!
Das man von Männern an die Frauen
So ja kaum noch kennt

Augen, Haare, Brüste
Werden Tag um Tag mit Lob benetzt
Doch zuletzt und viel zu selten
Wird mein Intellekt geschätzt

«Frau Sarah Bosetti, Ihre Schaukel stand früher bestimmt zu nah an der Hauswand.»

Ach, Egon, Egon! Du und ich
Ach, Egon, du, ich fühle mich
Als kannten wir uns ewig

Als sei die Zeit mit uns gebor'n
Hätt man sie aus uns rausbeschwor'n
Als war ich niemals ledig

Doch du hast recht
Es gab da echt
'ne Zeit vor uns'rer Zeit

In der ich Kind war
Leicht wie Wind
Kein Egon weit und breit

Ich war allein
Hab viel geweint
Und dich schon so vermisst

Bevor ich schnallte
Dass im All
Ein Egon für mich ist

In dieser Zeit
Der Einsamkeit
Gab es nur einen Trost

Denn im Garten
Auf mich wartend
Da stand sie schwer bemoost:

Die Schaukel
Die mir gaukelte
Die Welt sei manchmal gut

Sie wiegte mich
Besiegte Wut
Und gab mir Wagemut

Wenn sie mich schwang
Dann klang's
In meinen Ohren nach Musik

Und meine Augen
Saugten
Die Welt ein als Mosaik

Nichts störte
Den betörenden
Den langen, runden Schwung

Die Hauswand
Die dort stand
War viel zu weit für einen Sprung

Doch fragst du
Und beklagst dich gar
Ob ich dagegenschlug

Denn als gesundes
Schaukelkind
Bin ich nicht klug genug

Ach, Egon, Egon! Ja, das stimmt
Ich, Egon, bin ein dummes Kind
Weil ich nicht anders kann

Aus Rücksicht auf deinen IQ
Stell ich mich ähnlich dumm wie du
Ich pass mich dir halt an

«Blöde
Kuh!!!»

Wir haben der Kuh
Ein paar Jobs gegeben:
Sie steht da, macht «Muh»
Und gibt uns ihr Leben

Sie gibt uns ihr Fleisch
Ihre Milch, ihre Kälber
Macht einige reich
Doch niemals sich selber

Sie glotzt und sie kaut
Im Stehen und Liegen
Es lebt auf ihr drauf
Ein Rudel aus Fliegen

Sie trinkt und sie leckt
Sie macht das sehr gut
Das Bild ist perfekt
Sie weiß, was sie tut

Und du nennst das «blöde»
Doch statt sie zu dissen
Lass das Gerede
Denn du solltest wissen:

Die Kuh kann dich nähren
Doch ist auch bereit
Dich Basics zu lehren
In Selbstlosigkeit

«Dumme Göre!
Wenn du meine
wärst, dann
würdest du jetzt
dein blaues
Wunder erleben,
Rotzlöffel.»

Ich weiß, du fasst dich meist
In Worten kurz und bündig
Wer sich um Oden reißt
Wird bei dir selten fündig

So kurz, dass sich bisweilen
Der Worte Sinn recht gut versteckt
Ich hab ihn zwischen Zeilen
Zum Glück gerade noch entdeckt

Du wolltest sagen: «Dumme Göre!
Ach, wenn du doch meine wärst!
In meinen Armen liegend
Die Zunge dir mit Wein beschwerst!

Dann würdest du im Rausch
Der Spätburgunderreben
Bei mir im Bett das blauste
Der Wunder wohl erleben

Und gäbst du Jahre später
Den Löffel schließlich ab
Ich Rotz und Wasser heulend
Stünd an deinem Grab

Dann wüsst ich doch zumindest:
Du hast mich mal geliebt
Und den Hass, den Pisser
Den haben wir besiegt»

KAPITEL 3

DIE DA OBEN

«Immer sind die afd die bösen, was die anderen machen sieht keiner, waffen an den iss schicken und so.»

Moment, mein Schatz, meinst du das ernst?
Die ISS soll Waffen haben?
Ham die da Platz, so weit entfernt
Von Erde, Heim und Waffenladen?

Und meinst du, dass die Politik
Die Waffen in den Weltraum sendet
Damit sich bei 'nem Alienkrieg
Das Blatt für uns zum Guten wendet?

Ich weiß nicht, ob das wahr sein kann
'ne Raumstation als Alienschreck
Du bist doch sonst ein kluger Mann
Warum bloß glaubst du so 'nen Dreck?

Vielleicht war's auch ein Fehler nur
Du hast dich lediglich vertippt
Da hat die Autokorrektur
Den Sinn von einem Wort gekippt

Du wolltest gar nicht «Waffen» schreiben
Da fehlte einfach nur ein «L»
Damit die da im All nicht leiden
Könn'n sie Waffeln hochbestell'n

Und dann ergibt das Ganze Sinn:
Waffeln für die ISS!
Schwerelos mit Doppelkinn
Ein bisschen Futter gegen Stress

Und wenn's um Waffelhandel geht
Sind AfDler wohl echt raus
Die Internationalität
Der ISS ist ihn'n ein Graus

Es müsste bei den sechzehn Ländern
Die die ISS erblicken
Sich in der AfD viel ändern
Damit sie dorthin Waffeln schicken

«Halt's Maul,
Systemhure!
Was ist bei Leuten
wie dir im Leben
falsch gelaufen?»

Lieb, dass du fragst, mein edelster Ritter
Behutsam und ganz ohne Hohn
Wer hätte gedacht, dass mitten auf Twitter
Auch Liebe und Mitgefühl wohn'n?

Und ja, du hast recht, nicht alles war gut
Vielleicht kennst du das von dir
Ab und zu verlor ich schon beinah den Mut
Das Schicksal war hart zu mir

Einmal, ich war sechs, da wollt ich ein Eis
Und Mama hat mir keins gekauft
Das schlimmste Erlebnis, von dem ich noch weiß
Die Albträume hörten nicht auf

Und manchmal werde ich heute noch wach
Aus dem Traum eines eislosen Tags
Doch hat mich all das zu dem Menschen gemacht
Der ich bin und den du so magst

«Solche wie du haben Hitler groß gemacht!!!»

Du nennst Menschenrechtler die wahren Nazis
Und die, die nicht ausgrenzen, Hetzer
Du sagst, niemand nimmt dir dein klares Fazit
Nennst die mit Argumenten Schwätzer

Du nennst die, die nicht sterben lassen, Schlepper
Du nennst Flüchtlinge Terroristen
Du nennst den Klimawandel schönes Wetter
Und setzt die, die du Feind nennst, auf Listen

Du nennst gute Menschen Gutmenschenpack
Von dem du die Löschung verlangst
Du nennst jede Kritik ein Meinungsdiktat
Und Feigheit berechtigte Angst

Du sagst, du willst dir nichts vormachen lassen
Um's Lügnern dann doch zu erlauben
Du sagst: «Du Systemling, das könnt dir so passen
Dass ich aufhöre, denen zu glauben!»

Und dann sitzt du in Talkshows, sagst: «Medien
    sind doof!»
Nennst Meinungsfreiheit 'nen Witz
Sagst: «Hitler war links», und «die Rothschilds
    sind groß»
Und man glaubt dir, weil du da sitzt

Und es tut mir so leid um deinen Verstand
Wo hast du ihn bloß verloren?
Vielleicht ist er geflohen in ein anderes Land
Um Asyl suchend, neu geboren

Und dein Herz ist gefolgt, immer hinter ihm her
Um aus deiner Brust zu verschwinden
In Lebensgefahr übers offene Meer
Lass uns hoffen, dass sie sich dort finden

Was dir bleibt, sind die Leere, die Wut und der Hass
Und kein Empfinden für Glück
Vielleicht kommen, lässt du ihnen etwas mehr Platz
Dein Herz und Verstand ja zurück

«Wir leben in Deutschland in einer gewählten Diktatur!! Die da oben entscheiden und wir müssen kuscheln!»

Sag mal, kam das nicht von dir?
Die «Leitkultur» für dieses Land?
«Unsern Namen sagen wir
Und wir geben uns die Hand»

Das hat doch de Maizière verfasst
Und du fandst das doch richtig schick
Dass niemand lebt, wie es ihm passt
Der nicht wie du und Thomas tickt

Und nicht, dass ich mir sicher bin
Hab's nicht gelesen bis zum Schluss
Doch stand da vielleicht auch mit drin
Dass man in Deutschland kuscheln muss?

«Der Deutsche kuschelt mehrmals täglich
Von acht Uhr drei bis neun Uhr sieben
Wer das versäumt, ist unverträglich
Und ist ins Ausland abzuschieben»

Nur, weil der Teil dir nicht gefällt
Verrätst du den Herrn de Maizière
Wer Mitgefühl für lästig hält
Dem fällt halt auch das Kuscheln schwer

Doch lass einfach mal auf dich wirken
Dass es nur ums Kuscheln geht
Und zu unserm Glück noch nirgends
«Der Deutsche hat zu kuschen» steht

«Die Regierung ist die Marionette von Soros, Rockefeller und Rothschild, die eine neue Weltordnung anstreben, das Deutsche Volk soll weg, sie sprühen Gift über unsere Heimat und sie vergiften unser Essen.»

Ich liebe deine Stimme
Ich hör dir so gern zu
Ob du brüllst oder nur wimmerst
Was ich höre, das bist du

Ich höre deine Güte
Und deine weite Sicht
Selbst die Wut in voller Blüte
Klingt bei dir wie ein Gedicht

Über Juden sprichst du gerne
Klimalüge, Weltverschwörung
Wie viel ich durch dich erst lerne
Das ist Maximalbetörung

Demokratie ist Illusion!
GmbH statt freies Land!
Reptiloide, die hier wohn'n!
Frau Merkel ist in Teufels Hand!

Und mir? Mir war sie gar nicht klar
Die abgedrehte Weltenlage
Und weißt du auch, warum's so war?
Weil ich 'nen Hang zu Fakten habe

«Meinungs-freiheit gibt es schon lange nicht mehr»

Wird deine Meinung unterdrückt?
Zensiert von unsren Obrigkeiten?
Wie nur, mein Schatz, ist's dir geglückt
Sie ungestraft hier zu verbreiten?

Wer brüllt, dass er nicht brüllen darf
Und keine Strafe dafür kriegt
Hat im Diskurs und wie im Schlaf
Doch dadurch schon sich selbst besiegt

Bequem ist es und ziemlich leicht
In Sicherheit Gefahr zu wittern
Wobei mich der Verdacht beschleicht
Dass die, die «Meinungsdiktat» twittern

Und tapfer faselnd von Zensur
Zum Unterdrückten-Fetisch neigen
In einer echten Diktatur
Die Ersten wär'n, die ganz brav schweigen

KAPITEL 4

DIE BÖSE FRAU

«Für Geld
tun solche
Frauen alles
(wirklich
alles)»

Du sagst, solche wie ich sind teuflisch
Moralisch durchweg schlecht
Sind oberflächlich und käuflich
– Vielleicht hast du ja recht

Doch ob du mich nun entlarvst
Im Innern verkommen zu sein
Oder ob ich regelrecht brav
Am Ethikhimmel schein

Und warum du mir jetzt die Schmach
Für deinen Frust zuschiebst
Darüber denk ich nur nach
Wenn du mir Geld dafür gibst

«Ja was soll man erwarten von ABSOLUT verblödeten links faschistoiden traum tänzer fotzen.»

Die Antwort ist: nichts!
Nichts soll man erwarten
Von niemandem niemals nichts

Üben soll man sich
Üben im harten
Zustand totalen Verzichts

Doch mal ehrlich, wer will das
Will nichts wollen dürfen
Will wunschlos und willenlos sein?

Wer von andern nichts will
Kein Reiben, kein Schürfen
Der bleibt doch am besten allein

Drum erwart von mir alles
Selbst Faschismus von links
Ich bin offen für jede Idee

Was immer dein Fall ist
Ich schwör dir, ich bring's!

– Deine Traumtänzerfotze in spe

«Ich hab nichts gegen Frauen, du Schlampe!»

Du guckst aus dem Fenster:
Da laufen nur noch Weiber rum
Wie weibliche Gangster
Der Penisneid, der treibt sie um

Sie tragen schöne Kleider
Doch bleiben leider weiter dumm
Kehr'n die alten Zeiten um
Und alle Männer leiden stumm

Früher war'n sie Deko
Jetzt stehen sie im Mittelpunkt
Wollen Gleichberechtigung
Und reden sich die Titten wund

Überall nur Frauen –
Gab's die gestern schon?
Wozu sind die gut?
Ham die 'ne Funktion?

Du dachtest, Frauen seien
Nicht mehr als eine Minderheit
Du sagst: «Wollt ihr gedeihen
Verbringt mit euren Kindern Zeit!»

Du hast nichts gegen Frauen
So lang sie gut erzogen sind
Du hast nichts gegen Frauen
So lang sie dir gewogen sind

Du hast nichts gegen Frauen
Wie kann ich es nur wagen?
Was sich die Schlampen trauen
Ist echt kaum zu ertragen

Wenn Frauen dich nicht stressen
Dann kannst du sie gut leiden
Und, nicht zu vergessen:
Vor allem, wenn sie schweigen

«Jeder Frau muss
ein jeder Mann den
Respekt gänzlich
entziehen, so dass eine
jede Frau von ihrem
hohen Ross erst einmal
schön auf dem
dreckigen Boden der
Tatsachen landet!»

Es ist echt ein bisschen dreckig hier
Am Boden deiner Tatsachen
Wer Scheiße in die Ecken schmiert
Kann mittig auch ein Bad machen

Der Boden stinkt dann überall
Ist schwer nur zu ertragen
Misogynie- und Hass-Befall
Und das in vielen Lagen

Doch statt den Boden zu verschmutzen
Grad mit Sexismus im Speziellen
Könntest du ihn auch mal putzen
Um gute Dinge draufzustellen

Wie Respekt, wie klare Fakten
Wie Fairplay und Gerechtigkeit
Wie Empathie, sortiert in Akten
Wie Demut ob der neuen Zeit

Womöglich käm dich dann sogar
'ne echte Frau mal hier besuchen
Für dich und nicht, wie's vorher war
Nur, um dich zu verfluchen

«Du schreist
ja förmlich
danach.
Du willst doch
mißhandelt
werden.»

Endlich mal jemand
Den es kümmert, was ich will
Deine Fürsorge zeigt:
Deine Seele ist rein

Jeden Wunsch, den ich habe
Liest du stumm und still
Von meinen Augen ab
Du bist gut, du bist mein

Doch tust du noch mehr
Jeder Wunsch ist dir Pflicht
Auch jene, die ich
Noch niemals in mir trug

Ob es meine Wünsche sind
Das kümmert dich nicht
Dass du sie mir erfüllst
Ist das denn nicht genug?

– Na ja, liebster Mann
Ich will nicht undankbar sein
Ich weiß die Mühe zu schätzen
Und den Aufwand daran

Nur 'ne kleine Bemerkung
Dann bin ich wieder dein:
Erfüllst du mir einen Wunsch noch
Dann zeig ich dich an

«Du fotze hast mir und anderen deutschen Männern nicht vorzuschreiben was wir in Deutschland tun und lassen sollen. Ist das klar?»

Ja, ist klar.

«Hat die Tante sonst keine Hobbys?»

In den wilden Weiten
Dieser Welt und dieser Zeit
Gefüllt mit zu viel Leiden
Und nur selten Zweisamkeit

Da haben du und ich
Uns in der Dunkelheit gefunden
Stehen voreinander
Leicht verlegen, lecken Wunden

Wir könnten füreinander sein
Was uns vom Leid befreit
Das Mittel gegen Lüge, Hass
Und Oberflächlichkeit

Du stehst und guckst und atmest
Und ich mag es, wie du schweigst
Ich guck und schweig zurück
Bis du deinen Kopf leicht neigst

Und dann öffnest du den Mund
Und ich warte, was du sagst
Vielleicht, dass du mich schon
Wie keinen zweiten Menschen magst

Doch dann fragst du allen Ernstes
Was denn meine Hobbys sind
Als wärst du ein Poesiealbum
Und ich ein dummes Kind

Ach, Mann, was wäre aus uns beiden
Vielleicht noch geworden?
Doch Hobbys als Gesprächseinstieg?
Du bist für mich gestorben

«kotzbrechwürg»

Oh, oh, du siehst nicht gut aus, Hase
Wie hast du das denn nur geschafft?
Aus deinem Mund und deiner Nase
Kommt schwallartig ein grüner Saft

Sieht aus wie Suppe, schön mit Klößen
Nur halt verdaut und nicht mehr frisch
Die du in ungehemmten Stößen
Erbrichst auf unsern Mittagstisch

Was sagst du? Nein, dir ist nicht schlecht?
Du willst mir nur die Meinung geigen?
Du bist 'n toller Typ – nein echt!
Doch manchmal schon auch etwas eigen

Du willst sagen, dieser Schleim
Ist nicht erbrochen, sondern Sprache?
Und findet sich dann insgeheim
'ne Botschaft in der Kotzelache?

Die Aussicht, die ist höchst betörend
Doch bei deinem Wortschwallbade
Ist halt nicht so leicht zu hören:
Sprichst du, oder brichst du grade?

«Dir sollte man den Kopf abschneiden und als blowbang gerät an Flüchtlingsheime verscherbeln. Huren wie du haben jedes Lebensrecht verwirkt!»

Ach, Junge, ich find deine Fetische seltsam
– Und dann erst mal deine Geschäftsideen!
Der Köpfeverkauf war, eh wir auf der Welt war'n
Vielleicht mal der Renner, doch, das musst du gesteh'n

Heute nur noch ein Geschäft für Halunken
Die in Marktwirtschaft wohl die Schlechtesten sind
Die Kopfnachfrage pro Kopf ist gesunken
Das weiß doch inzwischen nun echt jedes Kind

Und ich weiß, der Verkauf ist dir gar nicht so wichtig
Du willst nur, dass ich sterbe, bist da Idealist
Das ist als Prämisse zwar schlüssig und richtig
Doch es ist schon fast süß, wie naiv du da bist

Denn schneid mir den Kopf ab, und mir wachsen zwei neue
Du kannst Frauen zwar töten, doch die Frau an sich nie
Du denkst wohl, dass ich den Kampf mit dir scheue
Doch die Frage ist nicht, wer gewinnt, sondern wie

Ich bin die Frau, die weibliche Hydra
Und du bist nicht Herakles, wenn du's auch willst
Du schwingst deine Schwerter, wirst jeden Tag müder
Und fragst dich, wieso du als Held nicht mal giltst

Und ich werde stärker, und Köpfe, die brechen
Sprießend aus klaffenden Wunden hervor
Und die Köpfe haben Münder, Münder, die sprechen
Sie flüstern dir von allen Seiten ins Ohr:

Schneid mir den Kopf ab, und mir wachsen zwei neue
Du kannst Frauen zwar töten, doch die Frau an sich nie
Du denkst wohl, dass ich den Kampf mit dir scheue
Doch die Frage ist nicht, wer gewinnt, sondern wie

KAPITEL 5

DER BÖSE FEMINISMUS

«Feminismus ist letztlich der ewige Kampf des mißratenen, unfruchtbaren Weibes gegen das wohlgeratenere; im Weibe selbst triumphieren schließlich die niederen Instinkte über die höheren.»

— Friedrich Nietzsche

Ey, Weiber, schweigt, denn Friedrich spricht!
Mal ehrlich – kennt ihr Nietzsche nicht?
Des Meisters Weisheit kriegt ihr nicht
Wenn keine von euch niedlich ist

Das hast du so gedacht, du Weib
Dass du selbst weißt, wen du bekämpfst
Doch es ist allerhöchste Zeit
Dass Friedrich deinen Hochmut dämpft

Seit hundert Jahren vielzitiert
Der alte weise Mann, der weiß
Wonach die Frau von heute giert:
Nach Rache, Neid und all dem Scheiß

Du denkst, es geht um gleiche Rechte?
Mäuschen, hör halt besser zu!
Den Grund für deine Wortgefechte
Den kennt Friedrich und nicht du!

Zeigt ruhig ein wenig Dankbarkeit
Dem Mann, dem ihr euch anvertraut
Dass er schon seit so langer Zeit
Nur für euch die Welt durchschaut!

Wie einfach wär doch Feminismus
Würden wir auf Männer hören
Anstatt mit unsrem Egoismus
So lästig ihren Tag zu stören

Oh Friedrich, sag mir, was ich will
Und dass ich mich nur selber hasse
Weil ich mich in Frauenfragen
Auf nichts als auf dein Wort verlasse!

«Feminismus ist ne Persönlichkeits- störung.»

Stimmt, mein Schatz, er stört sogar
Verschiedenste Persönlichkeiten
Geeint durch ihren Hass auf Frau'n
Verbunden wohl für alle Zeiten

Nietzsche, Shakespeare, Schopenhauer
Störten sich am «schwachen Weib»
Das hat die Jahre überdauert
Bei manch einer Persönlichkeit

Beim Präsident in Übersee
Der vom Pussy Grabbing schwärmt
Bei – ja, schon wieder – AfD
Die sinnlos in den Äther lärmt

Bei Thomas Fischer, Kolumnist
Verliebt in seinen Intellekt
Der seltsam überfordert ist
Wenn er 'ne Frau mit Hirn entdeckt

Beim Wagner-Typ, der für die BILD schreibt
Kaum Nebensatz und Komma kennt
Der Hauptsatz nur an Hauptsatz reiht
Und Dummheit stur dazwischendrängt

Sogar bei Alice Schwarzer jetzt
Die neben dem Islam auch gegen
Kolleginnen von heute hetzt
Wenn die sie nicht als Vorbild hegen

Ja, all diese Persönlichkeiten
Die stört der Feminismus wohl
Doch seine Unversöhnlichkeiten
Sind nur gesunder Gegenpol

Zum ungestörten Status quo
Den zu ändern braucht halt Mut
Wenn dich das stört, dann sieh's mal so:
Gestört zu sein ist manchmal gut

«Frauenwahlrecht war der anfang vom ende. Den dummen fotzen wurde gesagt wir geben euch wahlrecht dann könnt IHR DUMMEN FICK MÖSEN die parteien wählen die eure SÖHNE nicht in die kriege schicken. Und jetzt: 200 millionen tote seit frauenwahlrecht.»

Lieber YouTube-Kommentator
Mein liebster weißer deutscher Mann
Mein Herr und Meister, Imperator
Lass es raus, ja, brüll mich an!

Denn du hast recht, seit hundert Jahren
Wählt die wilde Weibermeute
Und wurde schon der Tod verboten?
Nein, noch immer leiden Leute

Zwar wählen Frauen meistens links
Und töten eher selten
Doch zwischen dieser und der perfekten
Liegen stets noch Welten

Wahlrecht ist ein Privileg
Das noch nie für Zicken war
Lasst die Männer das mal regeln
Mösen sind zum Ficken da

Jedes kleine Privileg
Ist ein Stück von deinem Glück
Du hast es lebenslang gehegt
Doch die Welt will es zurück

Frauen woll'n dir Macht entreißen
Klar, dass dich das stört
Doch ganz ehrlich: Nichts davon
Hat je dir gehört

Und Kriege wird es immer geben
Wenn's zur Wahl geht, sind sie nämlich
Frau'n und Männer, ganz egal
Leider beide ähnlich dämlich

Und bei aller Liebe, Mann
Nach dem Stuss, den du erzählst
Bin ich schon ziemlich froh
Dass du nicht für mich wählst

«Ihr feminismus ding nä.
Mal unter uns dass ist alles
so ein unfug, dass ich mir
nicht vorstellen kann
dass sie das ernst meinen.
Sie machen geld mit
diesem feminismus quatsch
stimmts?»

Jetzt mal unter uns, Elias!
Das hat schon einen fiesen Touch
Erst sagst du jahrelang mir nie was
Dann nennst du Feminismus Quatsch

Beim ersten Date die erste Frage
Setzt mich gleich außer Gefecht
Ob der Peinlichkeit der Lage
Denn natürlich hast du recht:

Hätt's Feminismus nie gegeben
Würde ich kein Geld verdienen
Würd von des Mannes Geldes leben
Weil Frau'n im Job absurd erschienen

Ich würde Haus und Kinder pflegen
Der Mann Arzt oder Staatsanwalt
Und nur des Feminismus wegen
Hab ich das Recht auf ein Gehalt

Insofern, ja, verdien ich nur
durch Gleichberechtigung mein Geld
Und du, du kamst mir auf die Spur
Ach, Elias, du, mein Held!

Doch Elias, unter uns:
Würd Feminismus Kohle bringen
Wär er rentabel auch für Jungs
Und ließe er die Kassen klingeln

Dann hätten wir wohl kein Problem
Das zu Sexismus und so führt
Denn so tickt doch das System:
Was Geld einbringt, wird akzeptiert

Wie man viel Kohle scheffeln kann?
Ich rate dir, dich umzuschau'n
Sexismus ist ein reicher Mann
Doch die Zeche zahl'n die Frau'n

«Moderner ‹Feminismus›
dient NUR dazu, den
MÄNNERN den JAGDTRIEB
zu verbieten und
auszutreiben, sodaß
diese zu gallertartigen
Schwabbelwesen
werden, die aus lauter
Sexualfrust nur noch
KONSUMIEREN»

Ich weiß, du bist im Herzen Jäger
Und dass dich das zum Mann erst macht
Früher agil, jetzt etwas träger
Pirschst du durch die dunkle Nacht

Auf leisen Sohlen, unverhohlen
Schleichst du dich an Beute an
Dein Jagdtrieb wird dir nie gestohlen
Nicht dir, mein edler Jägersmann

Da ist nur diese eine Sache:
Wer jagen will, der braucht ein Ziel
Ein Beutetier, irgendwas Schwaches
Das er erlegt, so ist der Deal

Und da, verstehst du, gibt's beizeiten
Ein unerwartetes Problem:
Denn die Beutetiere streiken
Und sie rütteln am System

Frauen sind des Jagdspiels müde
All das Gerenne und Geschrei!
All das «Fick mich, oder du bist prüde»!
All die Opferbringerei!

Von uns aus kannst du Jäger spielen
Wie Gallert durch die Großstadt wabern
Und als einer von so vielen
Mit dem Sexualfrust hadern

Sei Jäger, Mann, Systemverwalter
Nimm dir Flinte, Korn und Meute
Doch geh und spiel woanders, Alter
Denn wir sind nicht mehr deine Beute

KAPITEL 6

DER BÖSE SEX

«Lieber schlechter Sex mit meiner Frau als Sex mit Affen wie dir.»

Da fällt mir 'ne Geschichte ein
Die hab ich mal im Suff gehört
Sie handelt von 'ner Affenart
Die bei Konflikten Sex beschwört

Von Bonobos, die jeden Streit
Mit Sex und Zärtlichkeiten lösen
Die jede Stunde kopulieren
Und dann, dazwischen, friedlich dösen

Ich weiß nicht, was ich davon halt
Und auch den Wortlaut nicht genau
Doch könnte das 'ne Warnung sein
Oder ein Trost für deine Frau:

Es war einmal in grauer Vorzeit
Ein Krieg, der viele Leben nahm
Man war genügsam, gottesfürchtig
Bescheiden und auch monogam

Doch herrschte Wut, man war zu vielen
Und stand doch ganz für sich allein
Wann immer sich zwei Menschen trafen
Schlug man sich die Köpfe ein

Man plünderte und raubte nachts
Die Häuser seiner Nachbarn aus
Denn Neid und Gier zerfraßen Seelen
Wie bei einem Leichenschmaus

So tobten Kämpfe, überall
In Trümmern lag das ganze Land
– Das ganze Land? –
Nein, ein kleines Dorf leistete noch Widerstand!

Auch in dem Dorf, da gab es Waffen
Die aber nichts als Wandschmuck waren
Menschen sind, um sich zu treffen
Durch dunkle Wälder noch gefahren

Es herrschte Frieden, man besann sich
Auf die Weisheit früher Ahnen
Und machte sich voll Eifer dran
Die Affen nachzuahmen

Man ging ins Bett, mit wem man wollte
Ehe war fast unbekannt
Inzest ließ sich kaum vermeiden
Denn alle waren hier verwandt

Man war nicht schön, doch muskulös
Schwang doch ein jeder Axt und Beil
Alle lebten hier ihr Leben
Im Bonobo-Style

Jäger spannten ihren Bogen
Fragten: «Wer will meinen Pfeil?»
Und der Nazi unter ihnen
Brüllte laut: «Sex heil!»

Wo ein Bett, da auch ein Wille
Und ein Haufen nackter Menschen
Schreie füllten nachts die Stille
Denn alle Männer machten Männchen

Kevin ging zu Gisela
Und brachte eine Peitsche mit
Und Tags drauf war er wieder da
Doch diesmal mit Verband im Schritt

Der Sepp, der sprang auf das Sabinchen
Und vergaß Rheuma und Gicht
Wie ein Fuchs auf ein Kaninchen
Seufzte sacht: «Nein, komm noch nicht!»

Es paarte sich, was paarbar war
Hübsch mit Hässlich, Jung mit Alt
Sogar der Nazi kriegte eine
Auch dumme Frauen gibt es halt

———

Und es knarzten laut die Betten
Als Erster kam der Bauer Klaus
Und das Rauschen welker Blätter
Spendete subtil Applaus

Das Dorf schrie auf und seufzte dann
Durch tausend Venen pochte Blut
Danach gab es ein Flüstern nur:
«War es für dich auch so gut?»

Es waren Zeiten tiefen Friedens
Denn jede Ladung war verschossen
Man lernte endlich sich zu lieben
Sich selbst und seine Artgenossen

Und Kriege gab es nur im Fernsehen
Auf dessen Bildschirm niemand blickte
Weil man in ruhigen Abendstunden
Viel lieber mit den andern – kuschelte

Doch eines Tages kam ein Männlein
Den Zeigefinger stolz gereckt
Den Stock im Po, den Blick nach vorn
Und die Zähne stur gebleckt

Er sagte: «Hallo, Sündiger
Ich bin's! Euer Monogam!
Ich herrsche über eure Länder
Und auch über euren Sam'n

Und das, was ihr hier fröhlich treibt
Verstößt gegen den Absatz sieben
Des Grundgesetzes, der besagt:
Du darfst immer nur einen lieben

Der Eine bin natürlich ich
Deshalb müsst ihr mit mir schlafen
Sonst verbrenn ich euer Dorf
Um euch alle zu bestrafen»

Die Dorfbewohner dachten: Gut!
Dann nehmen wir das halt in Kauf
Ein paar gingen zum Monogam
Doch der hatte es echt nicht drauf:

Er kitzelte sie unterm Arm
Und stocherte am falschen Ort
Er knetete den Bauchspeck durch
Und stöhnte doch in einem fort

Mit Zunge pulte er im Ohr
Und manchmal leider auch im Po
Und als er dann noch strippen wollte
Schlug er Gisela k. o.

Zwar fehlte 's ihm an Übung nur
Doch war das Dorf voll Ungeduld
Schon brodelte die Zwietracht hoch
Und der Monogam war schuld

Der Dorfrat sagte: «So, es reicht
Er will uns bloß den Spaß verderben
Wenn er nicht von selber weicht
Dann muss der Monogam wohl sterben»

So gingen alle Dorfmitglieder
Eines Nachts ohne Allüren
Wie verlangt zum Monogam
Um den Geschlechtsakt zu vollführen

Sie streichelten und klemmten ab
Und stöhnten laut und stammelten
Und kitzelten und fesselten
Und peitschten aus und rammelten

So ging es eine ganze Nacht lang
Sorgsam Akt um Akt
Und dann bekam der Monogam
Einen Herzinfarkt

Das Dorf war endlich wieder friedlich
Und alle schwangen Axt und Beil
Ein jeder lebte hier sein Leben
Im Bonobo-Style

Mit seiner eig'nen Medizin
Ward der Monogam besiegt
Und die Moral von der Geschicht:
Schlechter Sex führt zu Krieg

«Ich sag's nur ungern, aber Sie hätte man abtreiben müssen»

Über Eltern willst du reden?
Über Kindheit und den Scheiß?
Über: Ich bin so geworden
Weil ich's halt nicht besser weiß?

Über jedes Trauma?
Übers Jetzt und übers Einst?
Weil uns das vielleicht verbindet?
Also gut, ja, wenn du meinst:

Mein Vater war ein Trinker
Professor und Narzisst
Ein Womanizer, Linker
Ein krasser Egoist

Ein kluger Kopf, ein Redner
Und trotzdem manchmal nett
Bloß halt als mein Vater
Nicht so richtig fett

Als Mann für meine Mutter
Nur mittelgut gewählt
Hat Mama bald gelernt:
Was mich nicht umbringt, stählt

Und so fing sie auf
Was immer er verbockt'
Mein Vater war der Rocker
Doch meine Mutter rockt

So schwarz und weiß das klingt
Ist es wohl kaum gerecht
Niemand ist perfekt
Und niemand ist nur schlecht

Und eines ist bei beiden
Meinen Elternteilen klar:
Dass mich nicht abzutreiben
Nicht ihr größter Fehler war

«IQ schwaches lochgesteuertes Multikulti-flittchen! Schade das man dich nicht verbieten kann.»

Ich weiß: Was aus dir spricht, ist Liebe
So viel vom Glück hat niemand dir erlaubt
Die Dankbarkeit versetzt dir ständig Hiebe
Dafür gehört die Freiheit ihr geraubt

Das Glück, das ich dir geb, kannst du nicht greifen
Die Schönheit unsrer Liebe macht dir Angst
Weshalb du, statt die Ängste abzustreifen
Verwöhnt nach einem Glücksverbot verlangst

Doch wenn du mich verbötest
Was würd denn dann passieren?
Ich wär dann ja nicht weg
Nur halt nicht mehr legal

Erlaubt oder verboten
Ist den'n, die konsumieren
Bei den guten Drogen
Wie mir doch eh egal

Wer rauchen will, wird rauchen
Wer mich will, wird mich kriegen
Der Handel, der geht weiter
Im Hinterzimmerpool

Du machst es mir nicht leicht
Dich abgrundtief zu lieben
Doch Schwarzmarktware sein
Das fänd ich schon ganz cool

«Ich werde gleich meine kleine Perle in mein Arm nehmen und ihr meine Männliche liebe geben. Und ihr verbitterten Emanzen macht 4.klassige ‹Liebe› mit Typen von Joko oder Böhmermann verschnitt die beim Rödeln noch weinen»

Ich weiß nicht, ob Jan Böhmermann
Jedes Mal beim «Rödeln» weint
Ich weiß nicht, ob des schönsten Mannes
Schönheit aus dem Dödel keimt

Emanzipiert heißt losgelöst
Nicht mangelhaft an Trieben
Emanzen sind nur strapaziös
Nicht unfähig zu lieben

So schön dein Traum vom runden
Glatten, demütigen Glück auch war
Frauen haben Kanten
Und sind als Perlen unbrauchbar

Und wenn du deine Perle gleich
Behutsam aus der Muschel schälst
Und dich wie echte Kerle dann
Voll Ungeduld durchs Kuscheln quälst

Vergiss nicht: Eines Tages
Da ist es an der Zeit
Dann bist auch du, du alter Träumer
Für eine echte Frau bereit

«Frau Bosetti, wann wurden Sie das letzte Mal so richtig schön hart genommen? Falls Sie dies noch nie erlebt haben sollten, könnte es an Ihrem Entmannungsfeldzug liegen. Aber geile Titten, die Alte. An denen nie ein Baby saugen wird, wetten?»

Ihr sagt, ich habe geile Titten
Schön, dass ihr das auch so seht!
Das hab ich ja nie abgestritten
Nur dass es darum hier nicht geht

Natürlich würd ich gerne
Einmal nur hart genommen
Doch leider hab ich keinen von euch
Jemals abbekommen

Verehren würde ich euch gern
Und mich von euch leiten lassen
Begehren und mich nie beschwer'n
Und mich dabei heimlich hassen

Mein Leben in den Dienst stell'n
Von Mann und Herd und Kind
Nur dass das nicht meine
Sondern eure Träume sind

Ich weiß, ihr macht euch Sorgen
Ich könne einsam sterben
Und meint, ich solle morgen
Vielleicht mal einfach werden

Doch sosehr mich eure Sorge rührt
Und eure Herzen bluten:
Ich krieg nicht keine Männer ab
– Ich krieg halt nur die Guten

«Höchstens noch zehn Jahre, dann will die eh keiner mehr ficken.»

Du sagst: Nutz die paar guten Jahre
Bis niemand dich mehr kennt
Deine Schönheit ist die Ware
Und die Zeit dein Konkurrent

Ja, sie mag von innen kommen
Doch die Schönheit, sie braucht Licht
Denn so weit drinnen, so verschwommen
Da sieht man sie halt nicht

Und sie zwicken mir in Wangen
Und sie kneten meinen Bauch
Nennen Brüste abgehangen
Und die Stimme zu verraucht

Sie versuchen mich zu küssen
Tasten Hüften ab auf Speck
Sagen: Das? Das hätte weh tun müssen!
Zum Glück bist du so fett

Nein, nein, du bist schon ganz o.k.
Doch nimm's als vorläufigen Bescheid
Ruh dich nicht aus, vergiss niemals:
Du bist Vergänglichkeit

Und ich denke: Ihr habt recht
Schönes ist schön anzusehen
Doch würden nicht die Dinge selbst
Dann die Erinnerung vergehen

Ich hatt mich grad an mich gewöhnt
Dachte: Es ist o. k., so, wie ich bin
Ich bin nicht immer schön
Aber, na ja: immerhin

Ich bin jetzt fertig, dachte ich
Reif genug, gepflückt zu werden
Bereit für die Welt
Nicht bereit, gebückt zu sterben

Ich könnte jetzt kurz stehen bleiben
Wer und wie und wo ich bin
Der Lauf der Welt, der braucht mich nicht
Die Erde dreht sich ohnehin

Ich würd mich gern, wo ich schon da bin
In Ruhe umseh'n im Hier und Jetzt
Doch da drängt schon hinter mir
Die Meute, die ins Vorwärts hetzt

Das Leben ist ein Marathon
Und Stau ist da nicht gern gesehen
Kaum hält man inne, tönt es schon:
«Könnense mal weitergehen?»

Wir sind Maschinen
Pressen Zukunft in Vergangenheit
Und wenn keine Zukunft übrig ist
Kein Morgen mehr, nur alte Zeit

Dann geh'n wir rückwärts
Den Blick auf das, was gestern war
Doch wir gehen wie eh und je
Und jedem ist doch eh längst klar

Dass es so nicht weitergeht
Arsch voran fall'n wir ins Grab
Und die Zeit, die schaufelt Erde
Auf uns und unsre letzte Tat

Und das soll's dann gewesen sein
Ein stumpfer Weg von B nach A
Wir haben keine Angst zu sterben
Doch sehnen uns nach dem, was war

Die Zeit verwandelt uns
Von junger Frucht zu altem Baum
Und jeder lange Bart wär gern
Einmal nur wieder Flaum

Doch ich will lieber Baum sein
In dessen Rinde Partys steigen
Als junge Frucht, die nicht mehr kann
Als allen ihre Schale zeigen

Und vielleicht hast du recht
Denn Schönes ist schön anzusehen
Doch eins, das wirst auch du nicht schaffen:
Auf dieser Welt bleibt niemand stehen

EPILOG

Ich betrete eine Bäckerei.

Vor mir warten drei Leute: ein Mann, eine Frau und ein Jugendlicher. Der Mann bestellt zwei Kürbiskernbrötchen.

«Kunden, die sich für Kürbiskernbrötchen interessierten, interessierten sich auch für: Sonnenblumenkernbrötchen, Weltmeisterbrötchen und Mehrkornbrötchen», sagt die Verkäuferin.

Der Mann guckt sie an. «Lass dein Werbetourette gefälligst nicht an mir aus, du dumme Schlampe», sagt er, nimmt seine Brötchen und geht.

Huch, denke ich. Aber außer mir scheint sich niemand zu wundern. Die Frau tritt an die Theke.

«Ich will Ihr scheiß Brot gar nicht haben», sagt sie. «Ich wollte nur sagen: So, wie Sie rumlaufen, müssen Sie sich nicht wundern, wenn man Sie Schlampe nennt!»

Dann geht auch sie. Huch, denke ich wieder.

Der Jugendliche tritt nach vorne und sagt: «Sie sind echt dumm wie Brot. Haha, verstehen Sie? Wie Brot! Das ist ein Wortspiel, weil wir in einer Bäckerei sind. Ihr Aufschnitt interessiert mich nicht, aber Ihren Ausschnitt find ich geil! LOL!» Dann reckt er beide Daumen nach oben und verlässt die Bäckerei ebenfalls.

Jetzt bin ich an der Reihe.

«Äh, guten Tag», sage ich.

«Wieso denn guten Tag?», fragt die Verkäuferin.

«Na ja, ich dachte ...»

«Klar, Sie dachten!», ruft die Verkäuferin. «Weil Sie sich für etwas Besseres halten. Uuuh, ich gehöre zur intellektuellen Elite! Die einfachen Leute interessieren mich nicht, denn ich DACHTE gerade! An sich selbst dachten Sie! Daran, was für einen guten Tag SIE haben! SIE und Ihre linksfaschistischen Multikultifreunde, die sich mit den islamistischen Invasoren verbrüdern, um UNSER Land zu unterwerfen! Nur an MICH denkt mal wieder keiner! ARMES DEUTSCHLAND!!»

Huch, denke ich. Und wenn ich es schon zum dritten Mal denke, kann ich es ja auch aussprechen.

«Huch», sage ich also. «Gestern waren Sie irgendwie netter.»

Die Verkäuferin fängt an, mich mit Brotkrumen zu bewerfen.

«Woher wollen SIE denn wissen, wie ich gestern war, he? Sie sind doch auch nur ein Bot! Nichts wissen Sie über mich! NICHTS! Und jetzt raus aus meinem Land!»

Ich nehme an, dass sie mit «Land» die Bäckerei meint, also stolpere ich zur Tür und auf die Straße. Auf dem Bürgersteig stoße ich mit einem Passanten zusammen.

«'tschuldigung», murmele ich.

Er dreht sich zu mir um.

«‹Entschuldigung› heißt das!», herrscht er mich an. «ENTschuldigung! Lern erst mal richtig Deutsch, bevor du mit mir redest!»

Dann rauscht er davon.

Was ist denn heute los? Ein Fahrradfahrer, der gerade über einen Hund gefallen ist, schreit dem Besitzer äußerst detaillierte Rezepte für Hundebraten ins Gesicht, ein Vater ruft seinem quengelnden Sohn zu: «Weißt du was? Der erste war zwar positiv, aber ich lass einfach noch einen Vaterschaftstest springen. Vielleicht hab ich ja doch Glück!», und eine ältere Dame sagt zu ihrem Mann: «Wenn dein Schwanz so groß wär wie dein Ego, hätte ich in unserer Ehe wenigstens ab und zu Spaß haben können», worauf der Mann antwortet: «Wenn ich gewollt hätte, dass du Spaß hast, hätte ich dich nicht geheiratet.»

Okay, ich hör schon auf. Aber so ungefähr würde es wohl klingen, wenn wir plötzlich in der analogen Welt miteinander umgehen würden wie in der digitalen. Lustig, aber anstrengend. Vielleicht ist es ganz gut, dass wir es schwieriger finden, Menschen zu hassen, die direkt vor uns stehen. Wann habt ihr zuletzt jemanden, den ihr persönlich kennt, wirklich inbrünstig gehasst? Und ich meine keine sanfte «Och, dich mag ich nicht so»-Abneigung, sondern einen richtigen «Ich würde dich töten, wenn es keine Gesetze und keine Moral gäbe»-Hass. Der kommt weitaus weniger häufig vor, als es uns das Internet weismachen will. Und wenn er vorkommt, dann hat er meist bessere Gründe. Man trifft ihn fast nie in freier Wildbahn, sondern beinahe ausschließlich in privater Umgebung, wo er mit viel Mühe und großer Sorgfalt herangezüchtet wurde.

Ich habe zum Beispiel nur einmal in meinem Leben wirklich gehasst. Ich war neun Jahre alt und verliebt. In Paul. Und zwar völlig zu Recht! Das war ja nicht selbstverständlich. Ich hatte schon einige verliebte Menschen gesehen, war jedoch in jedem einzelnen Fall zu dem Schluss gekommen, dass ihre Verliebtheit komplett unberechtigt war. Sie waren in langweilige Menschen verliebt, in stinkende oder dumme oder unsympathische Menschen. Ich hingegen hatte mir den einzigen ausgeguckt, in den verliebt zu sein sich wirklich lohnte. Paul sammelte Asterix-Hefte und saß in der Schule neben mir. Zwei Eigenschaften, die mir für den Wunsch nach ewiger Zweisamkeit absolut ausreichten.

Eines Morgens teilte ich Paul also mit, dass ich bereit war, mit ihm Händchen zu halten, wenn er mir dafür ein lebenslanges Asterix-Abo gewährte. Er sah mich kurz an, nahm dann einen Zettel und begann zu schreiben. Leicht schmachtend sah ich ihm zu, wie er seinen ersten Liebesbrief an mich verfasste, und wurde knallrot, als er ihn mir feierlich überreichte. Doch dann packte Paul seine Sachen und zog an einen anderen Tisch um. Und ich las, was ich in der Hand hielt: den ersten Hasskommentar meines Lebens.

———

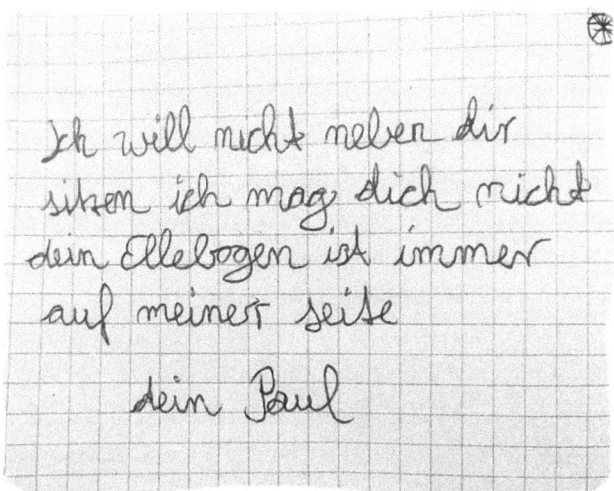

Ich will nicht neben dir
sitzen ich mag dich nicht
dein Ellebogen ist immer
auf meiner Seite

dein Paul

Mein junges Herz tropfte zu Boden, sammelte sich dort als Pfütze und hoffte ins Nichts zu verdunsten. Paul Regner liebte mich nicht! Ich war bereit zu sterben. Neun Jahre Leben reichten mir, ich war sicher, alles gesehen und alles gefühlt zu haben. Diese Welt hatte mir nichts mehr zu bieten.

Doch dann kam der Hass. Er war neu und ungewohnt, aber immerhin lenkte er mich vom Sterben ab. Ich hasste alles an Paul. Ich hasste sein Gesicht, ich hasste seinen Namen, und ich hasste seine Asterix-Hefte, hasste die Luft, die er atmete, und den Raum, den ich mit ihm teilen musste. Ich hasste unseren Lehrer, weil er Paul nicht für immer aus der Schule verbannte, und Linda Lehmann, weil sie sich jetzt einen Tisch mit ihm teilte. Ich hasste sogar den Tisch. Und das Teilen. Ich hasste alles. So sehr war ich mit Hassen beschäftigt, dass ich ganz vergaß, traurig zu sein. Und mit der schwindenden Trauer vergaß ich auch, was ich jemals an Paul gefunden hatte und warum er es wert war, gehasst zu werden. Und schließlich, nach einem intensiven und schmerzhaften Bewältigungsprozess, fand mein Herz wieder zurück in seinen ursprünglichen Aggregatzustand.

All das vollzog sich innerhalb einer Schulstunde. In der nächsten Hofpause war meine Welt wieder in Ordnung. Ich setzte mich in eine Ecke des Schulhofes und tat das Einzige, das mir einfiel – ich schrieb Paul ein Liebesgedicht:

Paul, oh Paul
Ich mag dich voll
Ach Paulepaul
Du bist so toll

Oh Paul, mein Paul
Ich find dich nett
Ich bin allein
Und du bist weg

Mein Herz, das war dein
Doch du warst nicht mein
Ich musste viel wein'
Denn du warst gemein

Doch ich war noch klein
Jetzt weiß ich, du Schwein:
Ich kann auch allein
Ohne dich glücklich sein

LIVE-TERMINE

www.sarahbosetti.com/termine

TAUSEND DANK AN

Daniel, meine Mutter, Steffi, Jan,
Johanna Langmaack, Clara Polley

Sarah Bosetti
Ich bin sehr hübsch, das sieht man nur nicht so

Von einer, die auszog, das Scheitern zu lernen

Niemand mag es, doch wir alle tun es: scheitern. An uns selbst, aneinander, an der Welt und natürlich an unseren Ansprüchen. Dabei ist es doch ganz einfach: Wenn man mal wieder das Mittelmaß trifft, einfach freundlich grüßen! In diesem Buch lotet Sarah Bosetti auf einer Silvesterparty – der Nacht der gescheiterten Existenzen – die vielen Möglichkeiten aus, sich zwischen Erfolg und Misserfolg genussvoll einzunisten. Sie erzählt von Menschen, die Schauspieler werden, weil sie es als Kellner einfach nicht geschafft haben, vom Versuch, mit Schwimmflügeln an den Füßen über Wasser zu gehen, und von der Einsicht, dass wir alle Gollum sind, wenn man uns neben Scarlett Johansson stellt. Ehrlich, selbstironisch und sehr witzig!

192 Seiten

Weitere Informationen finden Sie unter **rowohlt.de**